아침달 시집

식물원

유진목

시인의 말

식물원에 오신 것을 환영합니다.

입장료는 1만 원이며
제한 시간은 없습니다.

입구와 출구가 다른 곳에 있으니
이 점 유의하시길 바랍니다.

2018년 8월
유진목

차례

서문	09
1	11
2	13
3	15
4	17
5	19
6	21
7	23
8	25
9	27
10	29
11	31
12	33
13	35
14	37
15	39
16	41
17	43
18	45
19	47
20	49

21	51
22	53
23	55
24	56
25	57
26	59
27	60
28	62
29	63
30	64
31	65
32	67
33	68
34	69
35	71
36	73
37	74
38	75
39	76
40	77
0	78

이른 아침 그는 식물원으로 들어갔다.

해 질 녘 그가 식물원에서 나왔을 때는
전 생애가 지나버린 뒤였다.

0   10

0   12

3

0 20

6

0 24

8

9

0 30

11

12

13

14

15

0 40

0 42

17

18

19

0 48

0   50

21

 종려나무가 있었다.

 그는 이 땅에 살면서 많은 일을 겪었고, 그중에 어떤 시간은 기억이 나지 않았다. 그 시간에 그는 자주 고개를 숙였고, 남몰래 주먹을 쥐었고, 그러다 하품을 하였고, 이대로 끝이 난다 해도 어쩔 수 없다고 여겼다. 그는 지루함을 견디며 종려나무 사이를 옮겨 다녔다.

 다른 것이 아닌 그는 종려나무인 것이 좋았다. 길고 가느다란 잎과 뾰족한 끝이. 찌르기 전에 꺾이는 무력함이. 천천히 말라가는 목숨이. 때로 휩쓸리는 삶이. 여럿이 모여 있으면 징그럽기도 한 것이 좋았다.

 바람이 불지 않을 때도 그는 어깨를 움직여 그것을 흔들어보았다. 그러면 사람들은 바람이 부는 줄 알았다. 그는 사람들을 속이며 계속해서 종려나무 사이를 옮겨 다녔다. 어떤 사람은 종려나무 아래에서 잠시 걸음을 멈추었다. 어떤 사람은 휘파람을 불었고, 어떤 사람은 그대로 잠이 들었다. 그러나 사람들은 대체로 그가 거기에 있는지도 몰랐다.

 마찬가지로 그는 불면에 시달렸다. 뒤척이다 뒤척이다 가까스로 잎사귀를 모으고 잠이 들었다. 그럴 때 함께 밤을 지샌 바다도 그랬다. 뒤척이다 뒤척이다 나중에는 돌아누울 힘도 없어 보였다. 그는 바다에 있을 때보다 산에 있을 때 자신을 건강하게 여겼다. 다시 한번 떠나기에 앞서 깊은숨을 쉬었다. 그는 잠자코 서서 바다의 종려나무에서 산의 종려나무로, 낮의 종려나무와 밤의 종려나무 사이를 옮겨 다녔다.

종려나무

22

 남천에 있을 때 그는 잊지 못할 거라는 생각은 하지 않았다. 그는 어린아이였다. 아이들은 물고기처럼 몰려다녔고, 한 아이가 돌아서면 나머지도 재빨리 그렇게 했다. 정작 물고기들은 아이들의 손에 잡혀 죽어버렸고.

 동그랗게 모여 불을 피운 것은 물고기를 먹기 위해서였다. 아이들은 불에 물고기를 던졌다. 젖은 옷을 말리면서 이대로 돌아가면 큰일이라고 입을 모았다. 머리카락에는 나뭇잎이 더러 묻어 있었고, 옷에는 진흙이 잔뜩 배어 있었다. 우리는 그런 식으로 다른 아이를 알아보았다. 한 아이가 여자아이들과 함께 다니면 좋을 거라는 이야기를 했다. 그러자 다른 아이가 잘하면 데려올 수도 있다고 했고. 아이들은 저마다 골똘히 생각에 잠겼다. 그러는 사이에 물고기는 뼈만 남았다. 사실은 불에 물고기를 던진 것을 하나같이 잊어버렸다. 살아남은 물고기들은 강의 따라갈 수 없는 곳으로 숨어버렸다.

 가을이면 남천에는 붉은 열매가 가득 열렸다. 아이들은 집으로 돌아가는 길에 열매를 따서 아무 데로나 던지며 놀았다. 먹어도 되는 것인지는 의견이 분분했다. 한 아이가 입에 넣고는 죽는시늉을 했다. 목을 움켜쥐더니 무릎을 꿇고 쓰러졌다.

 다음 날이면 한 아이가 사라졌고, 그다음 날에는 또 한 아이가 사라졌다. 그러면 처음 보는 아이가 그 자리에 있었다. 아이들은 그렇게 마지막까지 한 아이로 남았다. 내일도 나올 거지?

   그는 고개를 끄덕였다.

남천나무

23

 반 칸 아래 부엌에 물이 들어온 걸 넘친다 넘친다 하며 바가지로 퍼내던 부부가 있었다. 그 집에는 화장실이 없었는데 씻는 것은 부엌에서 하고 골목 끝에 공용 화장실이 있어 그리로 갔다. 화장실은 다른 집에도 없어. 여자는 말하곤 했다.

 그는 다른 집에 없는 것과 다른 집에 있는 것을 구별했다. 이건 다른 집에 있어? 아니 이건 다른 집에 없어. 왜 없어? 아빠가 너한테만 준 거니까. 그는 그것을 베개 아래 넣고 잤다. 있는 걸 너무 귀하게 여기면 못 써. 왜 못 써? 없이 사는 게 보이니까.

 여자는 물을 퍼낼 때도 괜찮았다. 다른 집도 부엌은 잠기고 있었다. 남자는 구정물에 종아리를 담그고 성큼성큼 밖으로 걸어 나갔다. 다시 돌아왔는지 그는 기억이 나지 않았다. 아빠는 다른 집에 있어? 아니 아빠는 아무 데도 없어. 여자는 말하지 않았다. 대신 그를 나무라는 말이 많아졌다.

염리동

24

어머니, 하고 부르자 그는 다시 돌아온 것 같았다.

어머니는 베란다에서 벤자민에 물을 주고 있다. 나는 어항의 물이 줄어든 것 같아 조바심이 났다. 어머니, 물이 줄어든 것 같아요. 어머니는 벤자민에 주고 남은 물을 어항에 따랐다. 어항에 손대지 말라고 했지. 손자국이 남잖니. 나는 한 걸음 물러섰다.

어머니의 벤자민은 길고 두껍고 무성했다. 어쩜 이렇게 잘 자랐을까요? 별로 해준 것도 없는데 그래요. 어떨 땐 좀 징그럽더라구요. 그래요? 어떨 땐 그래요. 마냥 좋지만은 않아요. 나는 벌써 얼마나 죽였는지 몰라요. 벤자민을 죽인 사람은 나뿐일걸요. 나도 처음엔 여러 번 죽였어요. 자꾸 죽으니까 싫더라구요. 나한테 무슨 악감정이 있나 싶고 왜 그렇잖아요. 어머니는 벤자민 바구니를 천장에 매달 때 발꿈치를 들어 키를 높였다. 어머니, 제가 걸어드릴까요? 어머니는 괜찮다고 말한다. 나중에, 나중에 해주렴.

그때는 집에 어항이 있었다. 다른 집에도 어항이 있는 것 같았다. 마지막에 물고기는 한 마리만 남아서 구석에 가라앉아 있었다. 모서리를 두드리면 조그만 입을 빠끔였다. 언제부터 이랬니? 모르겠어요. 이제 곧 죽겠구나.

어머니, 하고 부르자 그는 다시 떠나고 싶었다.

벤자민

25

그해 여름에 그는 옆 방에 사는 남자가 궁금했다. 랜드로바 봉투에 든 와이셔츠를 보고 이런 건 이제 필요 없다며 돌려보내는 걸 본 뒤로

여자는 방에 들어가지 못하고 복도에 서 있었다. 한참을 그러더니 영수는 잘 있어요 하고 울먹였다.

그는 여자가 랜드로바 봉투를 들고 버스 정류장에 서 있는 것도 보았다. 플라타너스 아래로 버스가 오고 버스가 가고 여자는 보였다가 안 보였다가

그는 방에 누워 영수는 잘 있어요 하고 말해보았다.

아침에 일어나니 옆 방이 비어 있었다. 그는 그가 영수에게 갔을 거라고 말해주었다. 그러자 영수가 누구냐고 물었다. 그는 모른다고 하고 방문을 닫았다.

어쩌다 미친 연놈을 들여가지고. 씨팔. 문에 귀를 대고 서 있었다.

여름이 끝나면 죽을 것이다.

매미처럼 울다 잠이 들었다.

1998년

26

　신나무의 종자는 무얼 원하느냐고 물었다. 그만 죽었으면 합니다. 그래서 왔어요. 그는 목을 매달아도 부러지지 않을 만큼 가벼웠다. 어째서 죽었으면 하는지 신나무의 종자는 모르는 것 같았다. 살아가는 일은 괜찮았습니다. 하지만 그만하고 싶어요. 거기서 바람이 불었다. 신나무의 종자는 쪼그라든 성기를 공중에 매달고 있었다. 이렇게 하면 다시 태어날 수 있다. 신나무의 종자가 말했다. 아무에게도 말하지 말고 혼자서 다른 것이 되어라. 거기서 바람이 멈추었다.

　그만하고 싶어요.

　그는 사정했다.

신나무

27

처음에 그는 어딜 가느냐고 물었다.

다음에 그는 기다리지 말라며 문을 닫았다.

잘못 기억하는 거예요. 나는 그런 적이 없어. 그는 고개를 저었다. 그 사람이 자꾸만 나보고 그러는 거예요. 정신을 차리라고. 천벌을 받는다고. 보세요. 내 손을 가져다가 자기 목을 이렇게 해요. 차라리 죽이라는 거예요.

죽고 싶으면 어디 가서 조용히 죽을 것이에요. 난 싫다. 나한테서 떨어져라. 뿌리쳤어요.

나는 좀 배웠기 때문에 그러는 일이 없어요. 이렇게 살 사람이 아니거든요. 천벌을 주라고 그래요. 다 받을 테니까. 자기만 특별한 것 같지요. 세상에 자기만 힘든 것 같지요. 세상에 여자는 많습니다. 내 맘에 드는 것을 못 찾아서 나도 힘들었어요.

여자는 뜬눈으로 한참을 고꾸라져 있었다.

오늘은 날씨가 좋네요.

여자는 간다고 말하고 싶었다.

기다리지 말라며 문을 닫고 싶었다.

복숭아나무

28

형광등의 불이 두어 차례 깜빡인다.

제가 고쳐드릴까요?

그는 고개를 들어 형광등을 바라보았다.

여자는 그런 게 오래도록 마음에 남아 있다고 하더군요. 하지만 이제 돌아가 달라고 말했습니다. 돌아가요. 다시는 오지 말아요. 그때는 왜 그랬을까요? 그는 싸구려 볼펜의 머리를 딸깍이고 있다.

방은 이따금 어두워졌다가 밝아졌어요.

여자의 인중은 깊고 노여웠습니다.

그런 건 절대로 잊을 수가 없더군요. 갈라진 모양이 불길했어요. 어떻게 하면 자신을 전부 맡길 수 있을까요? 이제 나는 더 이상 줄 것도 없고……. 그는 손이 가는 대로 무엇인가를 그리고 있다. 그런 뒤 비가 왔을 겁니다. 여자는 노랗게 질린 얼굴로 울면서 서 있었습니다. 사람들은 아무렇지 않게 여자를 지나쳐 갔어요.

은행나무

29

그는 개가 가리키는 곳으로 가서 사방을 둘러보았다. 둔덕에 집들은 전부 비어 있는 것 같았다. 하지만 창문의 안쪽에는 그를 보는 사람이 있을 것이다.

그는 차가운 숨을 들이마시고 한 번 더 천천히 둘러보았다.

바닥이 드러난 수로에는 빗물에 잠긴 낙엽이 썩고 있었다. 끝에서 물길을 틔우던 역부가 개를 향해 휘파람을 불었다. 커튼을 비집는 가는 손가락도. 유리창에 서리는 부연 입김도. 그는 사람이 썩는 냄새를 알고 있었다.

그사이에 개는 낙엽을 샅샅이 들추고 돌아왔다.

거기엔 아무도 없어.

그는 공연히 더러워진 개의 얼굴을 부드럽게 쓰다듬었다.

11월은 춥고,
비가 내린다.

그는 개의 목에 줄을 걸고 걷기 시작한다.

개벚나무

30

 그는 삼나무에 대해 생각한다. 이 나무는 삼나무가 아니다. 그는 삼나무를 원한다.

 그는 겨울에 삼나무를 찾고 있다. 죽은 삼나무 쓰러진 삼나무 썩은 삼나무를 찾고 있다. 그는 쓰러진 삼나무를 일으킨다. 그는 삼나무를 따라 여러 번 쓰러진다.

 삼나무는 오래 타면서 겨울에는 불이 된다. 불이 되고 씨가 된다. 그는 더 많은 삼나무를 찾고 있다. 그는 더 많은 삼나무를 원한다. 이 나무는 삼나무가 아니다. 겨울이다.

 그는 겨울에 대해 생각한다. 겨울은 자비가 없다. 그는 자비를 원한다.

삼나무

31

그는 장미를 내려놓고 장미를 뒤집었다.

너는 살아 있는 거야?

나는 살아 있어.

 불은 한참 전에 꺼진 것 같아.
 너무 놀라서 계속 달리기만 했어.

그는 장미를 내려놓고 장미를 뒤집었다.

아침에 있잖아. 처음 보는 말들이 마당에 서 있었어.

아침에 반짝이는 검은 말들이.

죽은 줄만 알았는데 고개를 돌리고 나를 보더라.
우는 것 같았어.

그는 장미를 내려놓고 장미를 뒤집었다.

마당에 있는 것들은 내가 다 먹어버렸어. 미안해.

그는 장미를 내려놓고 장미를 뒤집었다.

어떻게 돌아가야 할지 모르겠어.

그는 장미를 내려놓고 장미를 뒤집었다.

다시는 돌아가지 못할 거야.
다시는 아무것도 가지지 못할 거야.

그는 장미를 내려놓고 장미를 뒤집었다.

있잖아. 내가 비참하고 비겁할 때 있잖아.

그는 장미를 내려놓고 장미를 뒤집었다.

나를 외면하지 않았으면 좋겠어.

그는 장미를 내려놓고 장미를 뒤집었다.

장미나무

32

살면서 가장 슬펐을 때가 언제냐고 물었더니 나 같은 사람이 한둘이 아니라고 하더군요. 사람은 왜 그런 걸 궁금해하냐고 해요. 나는 몇 번째냐니까 몇 가지 떠오르는 일이 있나 봅니다.

무슨 생각해?

그는 가지 끝을 떨구고 한참을 울었습니다.

우리 엄마는 너처럼 고운 빗을 가지고 있었어. 그걸로 내 머리를 빗겨주었거든. 널 보면 그때 생각이 나.

그건 마치 바람이 불어서 네가 흩어지는 것과 비슷한 거야.

그는 좋았던 이야기를 생각하며 나무 아래 서 있습니다.

자귀나무

33

그는 나를 향해 길어진다. 그는 나를 향해 뾰족해진다. 붉은 것이 툭 터진 그는 담장에 올라 속삭인다.

다 왔어.

햇빛이 쏟아지는 그늘이었다.

나하고 같이 갈래?

담장을 타고 우리는 긴 긴 시간을 붙어서 갔다.

능소나무

34

이건 당신이야?

모르겠어. 나인 것 같기도 하고 아닌 것 같기도 해.

여자는 가늠하듯 그것을 입에 넣었다. 여자의 볼이 부풀었다가 잠시 그대로 있었다. 혀로 그것을 굴리는 것 같았다.

이건 당신이야?

이건 나이기도 하고 아니기도 해.

나를 두고 죽을 거야?

너를 두고 죽지 않을 거야.

이렇게 하면 참을 수 없다는 것을 여자는 알고 있다.

이래도?

그래도.

여자는 그것을 삼키고 잠이 들었다. 잠이 든 동안에는 자신을 잊은 것 같았다.

무환자나무

35

그로부터 한참을 떠 있었다

귓속으로 물이 흐르고

저것은 새이다

위를 적시고

저것은 구름이다

아래로 빠져나갔다

뒤집혀도 숨이 막히지 않았다

물 밑에는 그림자가 누워 있었다

몰랐는데 죽은 거 같더라고

내가 본 것을 말하면
그는 내 눈을 보았다

둘이 있을 때는 그 이야기를 하곤 하였다

아무 일도 일어나지 않기를 기도하였다

사랑하기 때문이었다

망그로브

36

그가 기억하는 것은 그늘에 앉아 잠시 쉬었다는 것. 이 땅은 조금씩 흔들리면서 열기를 밀어낸다. 그는 그을린 물소 같았고 물처럼 그림자는 일렁이고 있다. 언젠가 그는 그런 광경을 본 적이 있었다. 그런 곳이라면 짐승에게 먹힐 수도 있었다.

거기까지 생각하고 그는 고개를 저었다. 이쯤이었다고 생각했는데. 풀섶을 헤치고 앞으로 그는 앞으로 가고 있다. 부풀어 오른 가슴이 쇠 쇠 하고 울었다. 오른쪽에서. 아니 왼쪽에서. 그는 방향을 잃은 것 같다.

그러지 말고 나하고 같이 가자꾸나.

물소는 이따금 고개를 돌려 그의 얼굴을 바라보았다.

우산가시나무

37

그는 물컵을 기울여 물의 안쪽을 들여다보는 중이었다. 그리고는 지금보다 열이 높았을 때 이상한 것을 보았다고 했다.

그 일은 나도 기억하고 있었다. 실제로 그는 손가락을 펴고 저기에 디포리가 있다고 말했으니까. 잠결에 나는 알아 하고 대답했다. 아무도 없어. 우리가 가서 살면 돼.

그는 우리가 이미 살고 있다고 말하지 않았다. 나는 그게 언제고 조금씩은 서운했다. 옆에서 젖을 먹이던 개가 컹컹 짖어댔다.

그래봤자 줄 건 아무것도 없어. 그는 빈손을 펼쳐 보였다. 개는 질투가 심하고 우리는 그때마다 무심했다. 빈손을 핥으러 오면서 새끼들은 전부 떨어져 나갔다. 그는 푸르게 변한 얼굴로 몸이 한결 가벼워진 것 같다고 말한다. 손발이 마르는 것은 날씨 탓이라고. 그건 정말 이상한 거야. 그렇지? 아무도 없을 때 안심하는 것. 그러면서 함께 있는 것. 밖에서 보면 보이지 않는 것. 우리는 점점 더 구체적으로 그 이야기를 했다. 여기에 두고 갈 것들. 거기에 가져갈 것들. 창문의 크기. 책상의 모양. 나는 궁금했다. 거기에 우리가 있으면 어떡하지? 우리가 우리를 몰라보면?

그는 남은 물을 마저 마셨다.

디포리

38

그는 자신을 죽이려고 한 사람과 살리려고 한 사람을 알고 있습니다. 그러면서 버틸 때가 있습니다. 살아 있는 일은 힘이 듭니다. 어머니. 살아 있는 것이 힘이 듭니다.

아무에게도 하지 않을 말을 유독 그는 어머니에게 하고 있습니다.

살아 있는 일이 좋은 감정을 지닐 수 있다면 그것만큼 좋은 일이 없을 겁니다. 좋은 감정은 어떤 감정입니까. 나는 매일 아픕니다. 나는 매일 슬픕니다. 아무도 미워하지 않을 때는 어머니를 미워합니다. 어머니. 나를 죽이려고 한 사람을 용서하지 마세요. 하늘에서도. 땅에서도. 나는 매일 기도합니다. 나는 매일 기다립니다. 어머니. 우리는 다시 만날 수 있을까요.

그는 매일 잊습니다. 어머니가 살아 있는 것을요.

부목

39

먼바다를 헤엄치다 보면 예상치 못한 것을 만나게 됩니다. 이게 나를 죽일 수도 있구나 생각하면 다시 바다에 나가는 일을 망설이게 되죠.

세상에 혼자 남겨졌을 때

내가 그런 게 아니라고 하면

위로가 되던가요?

여기 두 사람이 깊은 잠에 빠져 있습니다.

어느 쪽이 더 사랑하는지는 아무도 모릅니다.

망설이는 사람은 계속해서 살아갈 수 있습니다.

유목

40

인간이 없는 해변을 생각합니다.

거기에 그가 서 있습니다.

어떻게 왔는지

언제인지

모르는 채로

서 있습니다.

한번은 바다를 향해 걸어갑니다.

다시 돌아오지 못합니다.

한번은 바다를 등지고 걸어갑니다.

다시 돌아오지 않습니다.

그는 인간이 없는 해변을 생각하고 있습니다.

해변에서

0

그는 다시 태어나려고 기다리고 있다

그거 알지

저 사람이 나를 죽이려고 해요

해봤자 아무도 안 도와줘

저 사람이 나를 죽였어요

그는 죽은 채로 한참을 있었다

해가 지고

해가 뜨고

나중에는 날짜를 세는 것도 잊어버리고

누군가 초인종을 누르고

돌아가고

시간이 갈수록 너무 끔찍해서

내가 죽은 걸 아무도 모르길 바랐어

살아 있을 때도 살은 계속 살펴야 하잖아

더러워지면 씻고

상처가 나면 치료를 하고

하지만 죽었는데 어떡해

뼈는 희고 깨끗해서

나는 빨리 뼈가 되고 싶었어

그는 다시 태어나려고 기다리고 있다

한번은 이제 태어나나 보다 하면서

이리 휩쓸리고 저리 휩쓸리다가

생각한 대로 잘 되지 않았다

한번은 태어나고 싶지 않아서

이리 도망치고 저리 도망치다가

나 같은 사람이 한둘이 아니구나 했다

지난번에 태어났을 때는 불편한 게 너무 많았어요

그때를 생각하면 지금은 많이 나아졌죠

그래도 어떤 건 옛날이 그리워요

한번은 너무 금방 다시 태어나서

내가 살던 집이 생각이 나더라고

집에 가고 싶어서 악을 쓰고 울었지

그러면 엄마가 와서 젖을 물리고

나는 혀로 밀어내고

두고 온 사람이 보고 싶어서

울다 까무러치고

울다 까무러치고

그래서 그다음에는 너무 금방 다시 태어나지 않으려고

이리저리 도망치고 그랬던 거지

한번은 한참을 죽어서 있다가

당신도 죽었다는 것을 알고

얼마나 울었는지 몰라요

함께 마루에 앉아 저녁을 먹었던 거

손을 잡고 걸었던 거

늙은 몸으로

젊은 몸으로

한 이불 속에 누워 있었던 거

옛날에 그는 지금과는 다른 여자였다

짙은 눈썹에 선명한 이목구비를 가졌고

취미로 화분을 가꾸거나

지루한 시간을 잊기 위해 담배를 피웠다

라디오의 주파수를 맞추며

먼 곳의 소식을 궁금해하지만

가까운 이의 속내는 알고 싶지 않았다

섹스를 하더라도

대화는 하지 않는 방식

그는 지금과는 다른 언어로 말하고

좀 더 아는 것이 많았지만

사랑할 줄은 몰랐다

남자들이 그에게 사정하는 것이 좋았다

그는 지금 전쟁을 겪지 않아서 좋다

그는 지금 사람을 죽이지 않아도 되어서 좋다

그가 처음 사람을 죽였을 때

그는 꿈에서도 그 사람을 죽이고

또 죽이고

아까 죽였는데 왜 또 살아났는지

눈을 뜨자마자 그 사람을 죽여야 한다고 생각했다

그는 길에서 여자가 강간당하는 것을 보았다

그는 길에서 여자가 죽어가는 것을 보았다

그는 태어나자마자 여자인 것을 확인하고

여자로 사느니 즉사하고 싶었다

그는 여러 번 살면서

무슨 일이 일어나기를 바라고

무슨 일이 일어나는 것을 막지 못하고

한번은 태어나자마자 죽었고

한번은 태어나기 전에 죽었다

그는 다시 태어나려고 기다리고 있다

파르카이

아침달 시집 2
식물원

1판 1쇄 펴냄 2018년 9월 10일
1판 9쇄 펴냄 2025년 10월 15일

지은이 유진목
큐레이터 김소연, 김언, 유계영
편집 송승언, 서윤후, 정채영, 이기리
디자인 한유미, 정유경, 김정현

펴낸곳 아침달
펴낸이 손문경
출판등록 제2013-000289호
주소 04029 서울시 마포구 양화로7길 83, 5층
전화 02-3446-5238
팩스 02-3446-5208
전자우편 achimdalbooks@gmail.com

ⓒ 유진목, 2018
ISBN 979-11-958329-9-6 03810

값 10,000원

이 도서의 판권은 지은이와 출판사 아침달에게 있습니다.
양측의 서면 동의 없이 책 내용의 전부 혹은 일부의 재사용을 금합니다.

이 도서의 국립중앙도서관 출판예정도서목록(CIP)은
서지정보유통지원시스템 홈페이지(http://seoji.nl.go.kr)와
국가자료종합목록시스템(http://www.nl.go.kr/kolisnet)에서 이용하실 수 있습니다.
(CIP제어번호 : CIP2018025810)

아침달